Disney Princess

Storie da 5 minuti

Questo libro appartiene a:

....

GIUNTI

Progetto e coordinamento grafico: Emanuela Fecchio
Realizzazione grafica: co-d - Milano

Traduzione e adattamento: Anna Caterina Forastieri
Coordinamento editoriale: Antonella Sgarzi

Pubblicato da Giunti Editore S.p.A.
Via Bolognese, 165 – 50139 Firenze - Italia
Piazza Virgilio, 4 – 20123 Milano - Italia

Prima edizione: febbraio 2019

Stampato da: L.E.G.O. S.p.A. - Lavis (TN)

www. giunti.it

Disponibile anche in versione eBook

FSC
www.fsc.org
MISTO
Carta
da fonti gestite in
maniera responsabile
FSC® C023419

Disney
PRINCESS
STORIE DA 5 MINUTI
GIUNTI

Disney Princess

La Bella Addormentata nel Bosco

Aurora e il pigiama party

AURORA SALUTA FILIPPO, IL SUO SPOSO, CHE OGGI È IN PARTENZA PER UN VIAGGIO. POCO DOPO IL SUO PENSIERO CORRE ALLE FATINE: LE INVITERÀ A PALAZZO, LA PRINCIPESSA ADORA LA LORO COMPAGNIA!

RICEVUTO L'INVITO, FLORA, FAUNA E SERENA SI PRECIPITANO AL CASTELLO. AURORA LE ACCOGLIE IN CAMICIA DA NOTTE: "BENVENUTE AL MIO PIGIAMA PARTY!" ESCLAMA GIOIOSA.

BASTA UN TOCCO DI BACCHETTA MAGICA ED ECCO CHE ANCHE LE FATINE INDOSSANO SVOLAZZANTI CAMICIE DA NOTTE. APPENA NELL'ARIA SI DIFFONDE DELLA MUSICA, LA FESTICCIOLA COMINCIA...

TRA UNA GIRAVOLTA E L'ALTRA, LA CAMICIA DI AURORA CAMBIA COLORE: "BLU!" STRILLA SERENA DA LONTANO. "ROSA!" CORREGGE FLORA CON LA SUA BACCHETTA. "BLU!" RIPETE SERENA. CHI VINCERÀ?

ALL'IMPROVVISO, FAUNA AFFERRA UN CUSCINO, LO LANCIA E... VIA LIBERA A UNA BATTAGLIA GENERALE A SUON DI MORBIDI COLPI!

QUANTE RISATE TRA LE PIUME SPARSE OVUNQUE! "PERCHÉ ORA NON FACCIAMO UNO SPUNTINO?" SUGGERISCE SERENA AFFAMATA.

SUL TAVOLO DELLA CUCINA COMPAIONO PANINI DOLCI, FRUTTI DI BOSCO E CREMA DI LATTE. "OGNUNO PUÒ COMPORRE IL SUO SPUNTINO COME VUOLE!" CONCLUDE SERENA.

FAUNA FA SCORTE PER IL GRUPPO, FLORA INVECE NON RESISTE E ASSAGGIA UN PANINO. "SCU-SCUSA!" BORBOTTA MENTRE LE SFUGGE DELLA CREMA IN DIREZIONE DI AURORA CHE... RIDE DI GUSTO!

TORNATE IN CAMERA DA LETTO, AURORA HA UN'IDEA: "SCEGLIAMO UN BEL LIBRO! CHI LEGGE AD ALTA VOCE PER TUTTE?" CHIEDE. A OFFRIRSI È FLORA. LE AMICHE, RIUNITE, SEGUONO IL RACCONTO CON ATTENZIONE, MA PIAN PIANO SOPRAGGIUNGE IL SONNO...

FAUNA SI ADDORMENTA IN UN LAMPO, MA PER FLORA NON C'È NIENTE DA FARE. SI GIRA E RIGIRA TRA LE LENZUOLA DISTURBANDO SERENA CHE SUBITO LA RIMPROVERA: "EHI, VUOI STARE FERMA?"

"NON RIESCO A DORMIRE!" SI GIUSTIFICA FLORA. "ADESSO NEMMENO IO!" RIBATTE SERENA, ACCIGLIATA. FAUNA RIAPRE GLI OCCHI. "PROVIAMO A CONTARE LE PECORE," PROPONE.

"UNA, DUE, TRE..." FLORA INIZIA A CONTARE, MA PRESTO NASCE UN NUOVO BATTIBECCO. "IO VOGLIO LE PECORE BLU!" PROTESTA SERENA. "ROSA!" INSISTE FLORA. COSÌ ANCHE AURORA SI SVEGLIA...

PER METTERE PACE TRA LE FATINE E FARLE ADDORMENTARE FELICI, AURORA DECIDE DI CANTARE UNA NINNA NANNA. LA SUA DOLCE VOCE RIUSCIRÀ A CREARE L'ATMOSFERA GIUSTA?

APPENA LE DELICATE NOTE AVVOLGONO LA STANZA... SERENA, FAUNA E LA VIVACE FLORA CADONO IN UN BEL SONNO PROFONDO. LA TROVATA DI AURORA HA FUNZIONATO!

"AH, ADESSO SÌ CHE IL MIO PIGIAMA PARTY PUÒ DIRSI CONCLUSO IN... ARMONIA!" MORMORA TRA SÉ AURORA. POI, CON UN SORRISO, SI RIMBOCCA LE COPERTE E SI ADDORMENTA.

Disney Princess

Rapunzel

Un pisolino per Max

A CORONA OGGI C'È IL SOLE, TUTTI BRILLANO DI FELICITÀ, TRANNE... MAXIMUS, IL CAPITANO DELLA GUARDIA REALE. SEMBRA MOLTO STANCO! RAPUNZEL LO OSSERVA PREOCCUPATA.

EUGENE E RAPUNZEL CHIEDONO A UN SOLDATO COSA NON VA NEL LORO AMICO. "NON VUOLE DORMIRE!" RISPONDE QUELLO. "VA A CACCIA DI MALFATTORI, DI NOTTE E DI GIORNO!"

LA PRINCIPESSA ED EUGENE GUARDANO IL DESTRIERO CHE A MALAPENA SI REGGE SULLE ZAMPE. "RIFIUTARSI DI DORMIRE È SBAGLIATO!" DICONO ENTRAMBI.

BISOGNA ESCOGITARE UN PIANO... POCO DOPO, I DUE AVVICINANO MAX. "NON TROVO PASCAL, TEMO SIA SUCCESSO QUALCOSA!" LO AVVERTE RAPUNZEL. MAX SI METTE SUBITO A CERCARE.

ANNUSATO IL PASSAGGIO DEL CAMALEONTE, MAX RAGGIUNGE LE STALLE. "ECCO PASCAL! BRAVO, AMICO!" ESCLAMA RAPUNZEL. "TI MERITI UN PISOLINO SUL FIENO FRESCO!" MA LUI SCUOTE LA TESTA.

RAPUNZEL NON È RIUSCITA NEL SUO INTENTO, COSÌ EUGENE HA UN'ALTRA IDEA. "DAL FRUTTETO SONO SPARITE TUTTE LE MELE!" GRIDA D'UN TRATTO. MAX PARTE SUBITO AL GALOPPO.

IL DESTRIERO INDIVIDUA DELLE IMPRONTE, LE SEGUE FINO ALLE CUCINE REALI. MA... NON SI TRATTA DI UN FURTO! LE MELE SONO SERVITE ALLA CUOCA DI CORTE PER PREPARARE UN DOLCE. "ADORO LA TORTA DI MELE!" DICHIARA EUGENE. "DOPO UNA BUONA FETTA MI VIENE SEMPRE SONNO. VUOI UN ASSAGGIO, MAX?" L'ANIMALE SI ALLONTANA, LUI NON PUÒ DORMIRE!

ALLORA RAPUNZEL ELABORA UN ALTRO PIANO. COSÌ SI METTE A STRILLARE: "I RAGAZZI DEL

BELL'ANATROCCOLO SONO NEI GUAI!" MAXIMUS FA SALIRE IN SELLA I SUOI AMICI E... VIA, DI CORSA!

MA DENTRO LA TAVERNA, NESSUNO È NEI GUAI, ANZI! I RAGAZZI SONO TUTTI INTORNO AL PIANOFORTE CHE CANTANO E RIDONO. IL DESTRIERO È CONFUSO, STA PER ANDARSENE, QUANDO...

...RAPUNZEL LO RICHIAMA. "ASPETTA! PRENDITI UNA PAUSA, RESTA PER UNA CANZONE!" MAX È COMMOSSO: QUALCUNO SI PREOCCUPA PER LUI! CON UN NITRITO, ACCONSENTE.

RAPUNZEL, ALLORA, SUSSURRA UNA PAROLINA ALL'ORECCHIO DI UNCINO, IL GRANDE PIANISTA...

...E MENTRE LUI SUONA
UNA NINNA NANNA, MAX
COMINCIA A ONDEGGIARE
E A CHIUDERE GLI OCCHI.

FINALMENTE MAXIMUS SI CONCEDE IL GIUSTO RIPOSO. E GLI AMICI LASCIANO LA TAVERNA REGALANDO AL VALOROSO CAPITANO UN PO´ DI PACE.

Disney Princess

La Bella e la Bestia

Belle e la fiaba della sera

È QUASI IL TRAMONTO... QUANTA NEVE! PENSA BELLE DA DIETRO I VETRI DELLA FINESTRA DEL CASTELLO. NON PUÒ EVITARE DI SENTIRSI INTENERITA NEL VEDERE LA BESTIA CHE SI AVVIA VERSO LE STALLE E CON GENTILEZZA SFIORA LA SCHIENA DEL SUO CAVALLO.

"È L'ORA DELLA FIABA!" ALLE SPALLE DI BELLE SPUNTA CHICCO, TUTTO GIOIOSO. "CALMATI, PICCOLO MIO, FORSE DISTURBI..." DICE MRS. BRIC. BELLE, INVECE, È CONTENTA DI QUELLA VISITA.

INFATTI, OGNI SERA, IN BIBLIOTECA, BELLE LEGGE QUALCOSA AGLI OGGETTI INCANTATI CHE ABITANO AL CASTELLO DELLA BESTIA. SULLA POLTRONA, TOCKINS HA GIÀ PREPARATO UN LIBRO.

“CAPPELLI NEL MONDO? SEMBRA NOIOSO!” DICE LUMIÈRE LEGGENDO IL TITOLO DEL LIBRO SCELTO DA TOCKINS. “VORREI UNA STORIA DI MOSTRI!” STRILLA CHICCO. “NIENTE AFFATTO!” REPLICA MRS BRIC.

PRESTO NASCE UNA QUESTIONE: C'È CHI VUOLE QUALCOSA DI ROMANTICO, CHI D'AVVENTUROSO... "PERCHÉ NON INVENTIAMO UNA STORIA TUTTA NOSTRA?" SUGGERISCE BELLE.

TUTTI SONO ENTUSIASTI DI POTERSI ESPRIMERE CON FANTASIA. A INIZIARE È BELLE: "C'ERA UNA VOLTA UN NOBILE E CORAGGIOSO CAVALIERE, IL SUO NOME ERA SIR ALLARD."

SUBITO CIASCUNO IMMAGINA UN GIOVANE ELEGANTE E FIERO, IN SELLA A UN MAGNIFICO DESTRIERO...

CHICCO, ISPIRATO, PRENDE LA PAROLA E CONTINUA IL RACCONTO: "SIR ALLARD COMBATTEVA DRAGHI E SALVAVA PRINCIPESSE! TUTTI ANDAVANO AL SUO CASTELLO PER CHIEDERGLI AIUTO."

È IL TURNO DI TOCKINS. L'OROLOGIO ADORA GLI ASPETTI TECNICI DELLE COSE, PER CUI LA SUA DESCRIZIONE SI CONCENTRA SUI MATERIALI CON CUI ERA COSTRUITO QUEL CASTELLO.

POI TOCCA AL CANDELABRO. "UN GIORNO, IL NOSTRO EROE SENTE PARLARE DI UN FEROCE DRAGO CHE SPAVENTA LE GENTI. PER SCOVARLO SI METTE IN VIAGGIO E... SI RITROVA IN UNA FORESTA INCANTATA."

"VORREI
PROSEGUIRE,"
SOSPIRA
EMOZIONATA
MRS. BRIC.

"SIR ALLARD VEDE
IL DRAGO MA...
GLI SEMBRA
BUONO, TRISTE!"
CHICCO SI AGITA.
"E POI, MAMMA,
COSA SUCCEDE?"

D'UN TRATTO, DALLA PORTA DELLA BIBLIOTECA SI SENTE UN FRUSCIO. È LA BESTIA, LÌ DIETRO AD ASCOLTARE FIN DAL PRINCIPIO.

"VUOI FINIRE LA STORIA?" CHIEDE BELLE. "NON SAPREI," RISPONDE LUI, BURBERO. "PUOI FARCELA!" CONCLUDE BELLE FACENDOGLI CENNO DI SEDERSI ACCANTO A LEI.

"CORAGGIO!" DICE BELLE ACCAREZZANDO CON DOLCEZZA IL BRACCIO DELLA BESTIA. LUI SI SCHIARISCE LA VOCE: "IL CAVALIERE SI ACCORGE CHE IL DRAGO SOFFRE DI SOLITUDINE, COSÌ PARLA A LUNGO CON LUI. I DUE FANNO AMICIZIA E QUEL DRAGO DIVENTA IL PALADINO DI GRANDI E PICCINI! FINE..."

IN BIBLIOTECA SCENDE IL SILENZIO. “MOLTO BENE!” ESCLAMA POI LUMIÈRE. E UN APPLAUSO NON TARDA AD ARRIVARE. “CHE FINALE STUPENDO!” OSSERVA BELLE. TUTTI SONO SORPRESI DAI BEI SENTIMENTI CHIUSI NEL CUORE DELLA BESTIA.

Disney Princess

Mulan

Cri-Cri piccolo eroe

È UNA TRANQUILLA SERATA D'INVERNO A CASA DELLA FAMIGLIA DI MULAN. DOPO CENA, LEI E LA NONNA RIORDINANO LA CUCINA E I GENITORI SI DEDICANO A SEMPLICI ATTIVITÀ. "BUONANOTTE," DICE POI LA PRINCIPESSA ANDANDO VERSO LA SUA STANZA.

PRIMA DI DORMIRE, MULAN RACCONTA SEMPRE UNA STORIA AL GRILLO CRI-CRI E AL DRAGHETTO MUSHU. QUESTA VOLTA, PERÒ, È MUSHU CHE PRENDE L'INIZIATIVA E SI OFFRE DI RACCONTARE UNA STORIA CHE... INIZIA CON UNA SPARIZIONE!

"È NOTTE, FUORI NEVICA," NARRA IL DRAGHETTO. "MULAN SI ACCORGE CHE LA GABBIETTA DI CRI-CRI È VUOTA! MA DALLA FINESTRA SOCCHIUSA SI POSSONO SCORGERE LE SUE IMPRONTE."

"COSÌ, MULAN INFILA IL CAPPOTTO E CORRE AL TEMPIO DEGLI ANTENATI PER CHIEDERMI AIUTO. LEI SA BENE CHE FAREI DI TUTTO PER QUEL BUFFO SALTERINO!" SENTENDO QUELLE PAROLE, MULAN E CRI-CRI SORRIDONO.

"DUNQUE, MULAN E IO SEGUIAMO LE IMPRONTE DI CRI-CRI, MA SICCOME FA UN GRAN FREDDO, MI SCAPPA UNO STARNUTO... INFUOCATO. LA NEVE SI SCIOGLIE E OGNI TRACCIA SI CANCELLA."

MULAN INTERROMPE IL RACCONTO DI MUSHU: "BEL PASTICCIO! VOGLIO PROPRIO VEDERE COME POTREMMO CAVARCELA, ORA!"
"LASCIAMI ANDARE AVANTI!" RIBATTE IL DRAGHETTO, SECCATO.

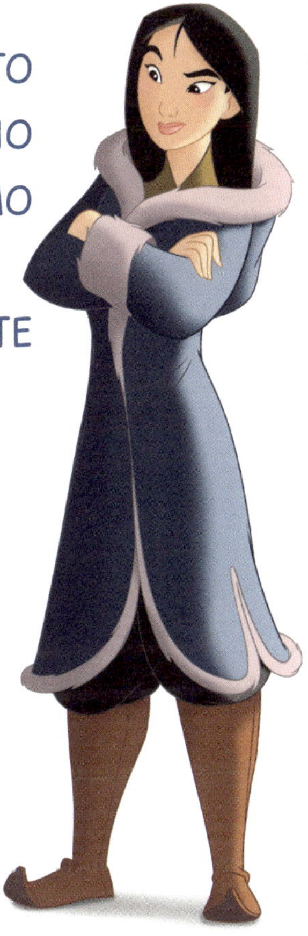

E MUSHU CONTINUA: "QUANDO TUTTO SEMBRA PERDUTO, HO UN'IDEA. CON UNA NUOVA FIAMMATA ILLUMINO IL SENTIERO E RECUPERO LA VISUALE DELLA VIA PERCORSA DA CRI-CRI."

LA BELLA STORIA DEL DRAGHETTO DIVENTA APPASSIONANTE. "COSÌ, CAMMINIAMO ANCORA PER PO', FINO A CHE... LE TRACCE SI FERMANO DAVANTI A DEI RAMI SPEZZATI E A UN ENORME CUMULO DI NEVE. DA LÌ, PROVIENE UN LAMENTO..."

"MULAN E IO COMINCIAMO A SCAVARE CON FORZA, C'È QUALCUNO SOTTO QUEL MUCCHIO DI NEVE!" MULAN INTERROMPE DI NUOVO IL RACCONTO: "CHI C'È?" CHIEDE IMPAZIENTE.

"C'È UNA BAMBINA DEL VILLAGGIO, INSIEME A CRI-CRI! UN AMMASSO DI NEVE HA OSTRUITO LA CAVERNA DOVE LA PICCOLA SI STAVA RIPOSANDO DOPO AVER RACCOLTO DELLA LEGNA."

"UDITO IL RICHIAMO DELLA BIMBA, CRI-CRI HA SCAVATO FINO A LEI MA... NON POTEVA CHE STARLE VICINO! ORA I DUE SONO INTIRIZZITI, COSÌ FACCIO UN BEL FUOCO PER SCALDARLI. ORMAI SONO SALVI."

"TI È PIACIUTA LA MIA STORIA, PICCOLO EROE?" CHIEDE MUSHU A CRI-CRI. IL GRILLO ANNUISCE ORGOGLIOSO. MULAN SORRIDE. "BUONANOTTE, AMICI, GRAZIE..." SUSSURRA PRIMA DI ADDORMENTARSI.

Disney Princess

RIBELLE
THE BRAVE

Merida e la giornata a tu per tu

C'È UN BEL SOLE A DUNBROCH. AL CASTELLO, MERIDA E SUA MADRE, LA REGINA ELINOR, SI PREPARANO A TRASCORRERE INSIEME LA GIORNATA. MA... NESSUNA DELLE DUE SA BENE COSA FARE. "TI VA DI RICAMARE?" CHIEDE ELINOR. MERIDA NON È ENTUSIASTA, DALLA FINESTRA ENTRA UN'ARIETTA PIACEVOLE! "USCIAMO!" DICE ALLORA ELINOR, INTUENDO I PENSIERI DI SUA FIGLIA.

APPENA FUORI, ELINOR E MERIDA PASSANO DAVANTI AL CAMPO DI TIRO CON L'ARCO. "T'INSEGNERÒ A CENTRARE IL BERSAGLIO!" ESCLAMA SUBITO MERIDA.

LA REGINA PROVA A METTERCELA TUTTA, MA CON SCARSI RISULTATI...

ELINOR NON È PROPRIO TAGLIATA PER UN'ATTIVITÀ COSÌ IMPEGNATIVA. MERIDA È MOLTO PIÙ BRAVA DI LEI! "FACCIAMO UN GIRO?" PROPONE ALLORA LA RAGAZZA GUARDANDO VERSO LE STALLE.

MERIDA ACCETTA L'INVITO DI SUA MADRE, LE DUE MONTANO A CAVALLO. "AL GALOPPO!" DICONO ALL'UNISONO, FELICI.

NEL BOSCO, ELINOR INVITA MERIDA A FERMARSI. "GUARDA QUEST'ALBERO," SPIEGA. "È UN SORBO, PORTA FORTUNA APPENDERE UN RAMOSCELLO ALL'INGRESSO DI UNA STANZA"

LE DUE STANNO PER RACCOGLIERE QUALCHE RAMO QUANDO, TRA LE FRONDE, QUALCOSA SI MUOVE CON FARE MINACCIOSO. SARÀ UNA CREATURA MOSTRUOSA?

"HARRIS, HUBERT, HAMISH!" GRIDA ELINOR, "COSA CI FATE QUI?" I TRE BIRBANTELLI, SUL DORSO DI UNA CAPRETTA, SI DIVERTONO SEMPRE UN MONDO A FARE STRANI SCHERZETTI! E MERIDA VEDE LA GIORNATA A TU PER TU CON LA MAMMA QUASI SVANIRE.

PIÙ TARDI, IL GRUPPETTO SI FERMA ACCANTO A UN TORRENTE. I RAGAZZINI CI SALTANO DENTRO. "RINFRESCHIAMOCI ANCHE NOI!" DICE MERIDA A SUA MADRE. ELINOR È TITUBANTE...

E ALL'IMPROVVISO: SPLASH! UN ABBONDANTE GETTO D'ACQUA COLPISCE ELINOR. LA REGINA RESTA DI STUCCO POI… RISPONDE PER LE RIME E PARTECIPA A UNA SPASSOSA BATTAGLIA TRA I FLUTTI.

LASCIATO IL TORRENTE, MERIDA, ELINOR E I FRATELLINI CAVALCANO ANCORA TRA I BOSCHI. BEN PRESTO SI RITROVANO IN UNA RADURA OVE SONO DISSEMINATE DELLE ANTICHE ROVINE.

CHE FAVOLA GIOCARE A NASCONDINO! AL MOMENTO DI ANDARSENE, MERIDA RECUPERA I FRATELLI IN CIMA A UN MASSO. ELINOR È FIERA DI LEI, È UNA SORELLA MAGGIORE PERFETTA!

NEL RIENTRARE VERSO IL CASTELLO, IL GRUPPO AVVISTA DELLE LUCCIOLE. "LE MESSAGGERE DELLE FATE!" ESCLAMA ELINOR. TUTTI SALTANO GIÙ DA

CAVALLO E, MENTRE I FRATELLINI CORRONO QUA E LÀ, MADRE E FIGLIA AFFIDANO ALLE AMICHE LUMINOSE I LORO DESIDERI PIÙ PROFONDI.

PIÙ TARDI, NEL SALONE, MERIDA ABBRACCIA SUA MADRE. "SAI QUAL È IL MIO DESIDERIO PIÙ GRANDE?" ELINOR LA INTERROMPE: "NON DIRLO, O NON SI AVVERERÀ!" MA MERIDA INSISTE: "VOGLIO ALTRE GIORNATE TUTTE NOSTRE!" ELINOR SORRIDE, SA CHE QUEL DESIDERIO È GIÀ UNA REALTÀ.

Disney Princess

Cenerentola

Cenerentola e le passeggiate notturne

"CENERINA! CENERINA!" STRILLA GAS, ENTRANDO NELLA STANZA, TRAFELATO. "NEL GRANAIO È ARRIVATA UNA NUOVA TOPINA!" CENERENTOLA È BEN FELICE DI ACCOGLIERLA.

LA PRINCIPESSA DA SEMPRE AMA I SUOI PICCOLI AMICI! PER CUI, PER LA NUOVA ARRIVATA, PREPARA UNA MORBIDA CULLA E DEI VESTITINI ELEGANTI.

ED ECCO IL MOMENTO DELLE PRESENTAZIONI. "PIACERE, GRETA," SUSSURRA LA PICCINA. CENERENTOLA LA RINCUORA: "BENVENUTA! ORA INDOSSERAI UN BELL'ABITO E CENERAI CON NOI!"

DALLE CUCINE DI PALAZZO ARRIVANO MILLE PRELIBATEZZE: ZUPPA, INSALATA, DOLCETTI... CHE APPETITO HA LA SIMPATICA GRETA! E CHE GIOIA PER LEI ADDORMENTARSI IN UN LETTINO TUTTO SUO.

A NOTTE FONDA UNA FIGURINA SI AGGIRA NEI GIARDINI REALI. "CHI VA LÀ?" CHIEDE IL SOLDATO DI GUARDIA. "AH, UNO DEI TOPINI DI SUA ALTEZZA!" OSSERVA LUI, APPENA SI AVVICINA. GRETA SI STROPICCIA GLI OCCHI: "DOVE SONO?" L'UOMO LA RIACCOMPAGNA NEL PALAZZO.

IL MATTINO DOPO, GRETA RACCONTA L'ACCADUTO AGLI AMICI. INCREDIBILE: NEL CUORE DELLA NOTTE LEI SI È RITROVATA A PASSEGGIARE IN GIARDINO! CHE SIA SONNAMBULA?

LA STORIA SI RIPETE. UNA VOLTA GRETA SI SVEGLIA OLTRE I CANCELLI DEL CASTELLO E UN'ALTRA VOLTA SI ACCORGE D'ESSERSI SPINTA IN UNA PIAZZA DESERTA DEL VILLAGGIO.

TUTTI PROVANO
AD AIUTARE
LA TOPINA. GIAC
LE DÀ DEL LATTE
CALDO PRIMA
DI DORMIRE...

...GAS SISTEMA
DELLA CARTA
INTORNO
AL LETTO
IN MODO CHE
LA CALPESTI
E IL RUMORE
LA SVEGLI...

...CENERENTOLA FA COSTRUIRE UN CANCELLETTO SPECIALE DAVANTI ALLA SUA PORTA. MA NESSUN RIMEDIO SEMBRA ESSERE QUELLO GIUSTO!

COSÌ GRETA CONTINUA A SVEGLIARSI IN QUARTIERI BUI E LONTANI. FINCHÉ UNA NOTTE, CAPISCE D'ESSERE ATTRATTA DA UN PROFUMINO... IRRESISTIBILE!

DALLA VETRINA DI UN NEGOZIO, LA TOPINA NOTA UNA PARTICOLARE QUALITÀ DI FORMAGGIO. "NON HO MAI ANNUSATO NULLA DI SIMILE, ECCO COSA MI FA ALZARE DAL LETTO!" ESCLAMA DELIZIATA.

"HO RISOLTO IL MISTERO!" STRILLA GRETA, RIENTRANDO. "IL MIO NASINO RAFFINATO, OGNI NOTTE, MI SPINGE A RAGGIUNGERE UN CERTO NEGOZIO DI FORMAGGI!"

AL MATTINO, CENERENTOLA E I TOPINI, A BORDO DELLA CARROZZA REALE, SI RECANO ALLA PERIFERIA DEL VILLAGGIO, OVE SI TROVA IL NEGOZIO DESCRITTO DA GRETA.

IL PROPRIETARIO È STUPITO DI VEDERE NEL SUO NEGOZIO LA PRINCIPESSA! IN UN ATTIMO, LA TOPINA INDIVIDUA IL FORMAGGIO CHE LE RUBA IL SONNO. "È UNA SQUISITEZZA, UN SOGNO!" SUSSURRA ANNUSANDOLO. CENERENTOLA NE ACQUISTA SUBITO UNA FORMA INTERA.

QUELLA STESSA SERA, SUL COMODINO DI GRETA NON MANCANO DELLE FETTINE DI PANE SPALMATE CON IL SUO FORMAGGIO PREFERITO. ACCOMPAGNATA DA QUEL PROFUMINO UN POCHINO PUNGENTE, LA TOPINA SA CHE POTRÀ ABBANDONARSI A SONNI TRANQUILLI.

Disney Princess

La Principessa e il Ranocchio

Tiana e l'amica del cuore

"CORAGGIO, TIANA! NON PUOI DIRMI DI NO!" È GIÀ DA UN PEZZO CHE CHARLOTTE TENTA DI CONVINCERE LA SUA AMICA A LASCIARE IL SUO RISTORANTE PER UNA GIORNATA. "DA QUANTO TEMPO NON FAI UN PO' DI SHOPPING? ANDIAMO!" INSISTE.

"MI DISPIACE," DICE TIANA SCUOTENDO LA TESTA. "NON HO TEMPO! FORSE POTRÒ LIBERARMI LA PROSSIMA SETTIMANA. O QUELLA DOPO," CONCLUDE MENTRE TAGLIA DELLE CAROTE.

CHARLOTTE METTE IL BRONCIO. "PENSI SEMPRE E SOLO AL TUO RISTORANTE! COME CI VESTIREMO PER LA FESTA DI GRAN PAPÀ?" E SENZA AGGIUNGERE ALTRO, SE NE VA SBATTENDO LA PORTA.

COSÌ CHARLOTTE
SI RECA DA SOLA
NELLA SUA
BOUTIQUE
PREFERITA.

E PROVA
OGNI VESTITO.
MA... QUALE
COMPRARE?
LE MANCANO
I CONSIGLI
DELLA SUA AMICA
DEL CUORE!

INTANTO, A TIANA RESTANO MUCCHI DI PENTOLE E CIOTOLE DA LAVARE. SENZA LE CONSUETE CHIACCHIERE DI CHARLOTTE, QUEL LAVORO LE SEMBRA NOIOSO IL DOPPIO.

LA SERA, TIANA SI PREPARA PER ANDARE A LETTO E SOSPIRA GUARDANDO FUORI DALLA FINESTRA. CERTO, IL SUO RISTORANTE È IMPORTANTE, MA LO È ANCHE LA SUA MIGLIORE AMICA...

NELLO STESSO MOMENTO, CHARLOTTE, NELLA SUA STANZA, PENSA DI ESSERE STATA INGIUSTA CON TIANA. DEVE TROVARE UN MODO PER RIMEDIARE.

IL MATTINO DOPO, TIANA SENTE DEL BACCANO CHE PROVIENE DALLA CUCINA. QUANDO SPALANCA LA PORTA, VEDE CHARLOTTE IN LACRIME, IN MEZZO A UNA TERRIBILE CONFUSIONE. "COSA STAI FACENDO?" DOMANDA STUPITA ALL'AMICA.

SUBITO TIANA CORRE AD ABBRACCIARE CHARLOTTE. "VOLEVO AIUTARTI," PIAGNUCOLA L'ALTRA. "IERI SONO STATA TANTO SGARBATA! SOLO CHE HO COMBINATO UN BEL..."

"PASTICCIO!" DICONO ALL'UNISONO. LE DUE AMICHE SCOPPIANO IN UNA GRAN RISATA.

"SCUSAMI, SO QUANTO AMI IL TUO RISTORANTE!" RIBADISCE CHARLOTTE. "E IO CREDO, INVECE, CHE QUESTO POSTO POSSA ANCHE FARE A MENO DI ME PER UNA GIORNATA!" CONVIENE TIANA.

QUINDI, LE DUE AMICHE RIPULISCONO E RIORDINANO TUTTO QUANTO IN MEN CHE NON SI DICA.

CHARLOTTE IMPARA PERSINO A FARE L'IMPASTO DI BIGNÈ E FRITTELLE.

FINITO IL LAVORO... EVVIVA LO SHOPPING! SUBITO CHARLOTTE TROVA UN VESTITO CHE LE PIACE E COSÌ ANCHE TIANA. ORA ENTRAMBE HANNO IL LOOK PERFETTO PER LA FESTA DI GRAN PAPÀ!

QUANDO LA GIORNATA VOLGE AL TERMINE, LE DUE INSEPARABILI AMICHE LEGGONO UNA DOLCE STORIA L'UNA ACCANTO ALL'ALTRA. A ENTRAMBE SEMBRA PROPRIO UN MODO SPECIALE DI DIRSI TI VOGLIO BENE.

Disney Princess

La Sirenetta

Ariel e le luci della notte

LA VITA TERRESTRE PER ARIEL È SEMPRE COSÌ PIACEVOLE! E QUESTA SERA, LA CENA SULLA TERRAZZA IN COMPAGNIA DEL SUO SPOSO, IL PRINCIPE ERIC, NON POTREBBE ESSERE PIÙ ROMANTICA!

"SAPESSI COM'È DIVERSA LA NOTTE NEL MARE!" DICE LA PRINCIPESSA. "C'È LUCE SOLO GRAZIE ALLE MEDUSE LUMINESCENTI..."

...MA QUI, CON QUESTE TORCE, TUTTO SPLENDE!"

D'UN TRATTO, ERIC SPEGNE IL FUOCO DELLE TORCE E SOTTO GLI OCCHI DI ARIEL COMPARE UNA SCIA DI GRAZIOSE SCINTILLE DANZANTI.

"VEDI QUESTE PICCOLE AMICHE? SI CHIAMANO LUCCIOLE," DICE ERIC CON UN SORRISO. POI LASCIA CHE UNA SI POSI SULLA SUA MANO, COSÌ CHE ARIEL POSSA GUARDARLA.

PRESTO LE LUCCIOLE SI RADUNANO A CENTINAIA E LA PRINCIPESSA NE SFIORA UNA. "SONO ADORABILI," OSSERVA. "È COME SE NUOTASSERO NELL'ARIA!"

POI ARIEL INDICA IL CIELO STELLATO. "LE LUCCIOLE SEMBRANO PICCOLE STELLE VENUTE A VIVERE SULLA TERRA, PROPRIO COME HO FATTO IO!" ERIC È COLPITO DA QUEL DOLCE PENSIERO.

"SAI, QUANDO RIEMERGEVO DALL'OSCURITÀ MARINA, LE STELLE BRILLAVANO TANTO!" RACCONTA ARIEL PRENDENDO IL PRINCIPE PER MANO.

"QUANTO VORREI AMMIRARLE ANCORA NEL BUIO TOTALE. LE LUCI DEL VILLAGGIO DISTURBANO!" ERIC HA UN'IDEA: "CHIAMO UNA CARROZZA!"

A BORDO DELLA CARROZZA, ARIEL ED ERIC OLTREPASSANO DIVERSE CASE E FATTORIE, L'INTENZIONE È PROPRIO QUELLA DI ARRIVARE IN APERTA CAMPAGNA. POCO DOPO RAGGIUNGONO LA CIMA DI UNA COLLINA.

ARIEL ED ERIC SALTANO GIÙ DALLA CARROZZA. TUTTO RILUCE SOPRA DI LORO. "QUESTO POSTO È PERFETTO!" ESCLAMA ARIEL. "DA QUI LE STELLE SI VEDONO ANCHE MEGLIO DI COME LE AMMIRAVO DALL'OCEANO!"

DAL PRATO, I DUE GUARDANO IL CIELO. "AVEVI RAGIONE A CERCARE UN LUOGO BUIO, ARIEL." COMMENTA ERIC. "CI SONO COSÌ TANTE STELLE CHE NEMMENO SI POSSONO CONTARE!" AGGIUNGE.

LE COSTELLAZIONI HANNO FORME QUASI FAMILIARI PER ARIEL. "LASSÙ! SEMBRA LA SAGOMA DI UNA BARCA! E LÀ... C'È UN CANE! E UN TRIDENTE COME QUELLO DI MIO PADRE, RE TRITONE! QUEL GRANCHIO... SOMIGLIA A SEBASTIAN!"

D'IMPROVVISO, UNA DELLE STELLE LASCIA DIETRO DI SÉ UNA SCIA BRILLANTE. "UNA STELLA SI È MOSSA!" STRILLA ARIEL. "E LÀ... UN'ALTRA! E UN'ALTRA..."

"È UNA PIOGGIA DI STELLE CADENTI," MORMORA ERIC. "SONO BELLE, GENTILI..." DICE ARIEL. "SEMBRA VOGLIANO SCENDERE SULLA TERRA PER SALUTARCI E... ILLUMINARE IL NOSTRO CUORE!"

Disney Princess

La Bella e la Bestia

La costellazione di Belle

È UNA BELLA SERATA, BELLE E CHICCO STANNO OSSERVANDO IL CIELO. "OH!" ESCLAMA BELLE. "C'È IL... DRAGONE!" CHICCO SUSSULTA. BELLE LO RINCUORA. "È UNA COSTELLAZIONE, UN GRUPPO DI STELLE CHE FORMA UNA FIGURA!"

IN BIBLIOTECA BELLE SCOVA UN LIBRO DI ASTRONOMIA. CHICCO È CURIOSO. "GUARDA!" DICE BELLE. "C'È UNA MAPPA DEL CIELO!"

PER RICONOSCERE
ALCUNE COSTELLAZIONI
DESCRITTE NEL LIBRO,
BELLE E CHICCO
ESCONO IN TERRAZZA.
MA... ALCUNE NUVOLE
OFFUSCANO LA VISUALE.
CHICCO È DELUSO.

BELLE, ALLORA, HA UN'IDEA: "CREIAMO UNA COSTELLAZIONE TUTTA NOSTRA! DOBBIAMO SOLO PROCURARCI DEGLI OGGETTI LUCENTI!" BELLE PENSA SUBITO A GUARDAROBA...

L'ARMADIO, INFATTI, CONSERVA SEMPRE UN MUCCHIO DI CHINCAGLIERIA. NEI SUOI CASSETTI, BELLE TROVA PERLE E BOTTONI SCINTILLANTI!

POI, BELLE E CHICCO VOGLIONO AGGIUNGERE QUALCOSA CHE SOMIGLI A DEI PIANETI.

TOCKINS POSSIEDE UNA COLLEZIONE DI ROTELLE D'OROLOGIO... "POTRESTI PRESTARCENE QUALCUNA?" DOMANDA BELLE. TOCKINS ACCONSENTE.

ORA, BELLE SMONTA UN VECCHIO PORTAUOVA, LE SERVE IL FILO METALLICO PER AGGANCIARE STELLE E PIANETI. INTANTO, CHICCO PENSA A UNA STORIA DA RACCONTARE...

...MENTRE BELLE
CONTINUA
A SROTOLARE
IL FILO!

INFINE, LA BESTIA SI OFFRE DI APPENDERE AL SOFFITTO DELLA BIBLIOTECA LA CREAZIONE DI BELLE. CON UN TENDONE COPRE TUTTO, DEV'ESSERE UNA SORPRESA!

RADUNATI GLI OGGETTI INCANTATI, INIZIA LO SPETTACOLO. CHICCO DECLAMA: "UNA RAGAZZA DI NOTTE SI PERDE NEI BOSCHI. NEVICA..." BELLE SPARGE DEI PEZZETTI DI CARTA. E CHICCO CONTINUA: "D'UN TRATTO, SPUNTANO DEI LUPI, LA RAGAZZA SEMBRA PERDUTA! MA DAGLI ALBERI SI FA LARGO LA BESTIA: DOPO UN ASPRO COMBATTIMENTO, GLI ANIMALI FUGGONO SCONFITTI."

"POI COME PER MAGIA..." CONCLUDE CHICCO. "NEL CIELO NOTTURNO, LE STELLE SI RIUNISCONO FINO A FORMARE LA COSTELLAZIONE DEL LUPO!" BELLE TOGLIE LA TENDA E MOSTRA IL SUO CAPOLAVORO.

TUTTI APPLAUDONO. CHE MERAVIGLIA! PER COMPLETARE L'OPERA, LUMIÈRE, CON IL FUOCO DELLE SUE CANDELE, FA BRILLARE ANCORA DI PIÙ QUELLA FANTASTICA COSTELLAZIONE.

Disney Princess

Biancaneve e i Sette Nani

Brontolo non vuole dormire!

NELLA CASETTA DEI SETTE NANI, LA CENA È APPENA TERMINATA. E MENTRE OGNUNO AIUTA A SPARECCHIARE... ETCIÙ, ETCIÙ, ETCIÙ! "SALUTE, EOLO!"

DICE BIANCANEVE, CONOSCENDO IL SUO PICCOLO AMICO. MA A STARNUTIRE DI CONTINUO, INVECE, È BRONTOLO.

BIANCANEVE, DOPO AVER TOCCATO LA FRONTE DI BRONTOLO, LO ACCOMPAGNA AL SUO LETTINO. "SCOTTI, DEVI RIPOSARE!" MA LUI NON È DELLO STESSO PARERE. "RIDICOLAGGINI!" BORBOTTA.

"BISOGNA ACCORDARE E PULIRE L'ORGANO!" SI LAGNA BRONTOLO. "NON POSSO STARE A LETTO!" GONGOLO E GLI ALTRI SI OFFRONO DI FARE IL LAVORO AL POSTO DEL LORO AMICO.

POCO DOPO, BRONTOLO SI RASSEGNA, IN EFFETTI HA LA FEBBRE! E MENTRE STA PER ADDORMENTARSI... TUUU! TUUU! LE DELICATE CANNE DELL'ORGANO INIZIANO A PROTESTARE.

BIANCANEVE SI PRECIPITA AL PIANO DI SOTTO. "RAGAZZI, STATE FACENDO UN GRAN BACCANO!" DOTTO HA SUBITO UN'IDEA: "POTREMMO SILENZIARE LO STRUMENTO!"

E MENTRE BIANCANEVE SI ALLONTANA, CUCCIOLO E GLI ALTRI RACCOLGONO DEI CALZINI, NE FANNO DELLE PALLINE E LE INFILANO NELLE CANNE DELL'ORGANO.

MA APPENA DOTTO SFIORA I TASTI... POP! POP! POP! I CALZINI SALTANO SULLE PADELLE APPESE: CLANG! CLANG! CLANG! E L'ORGANO SUONA: TUUU! TUUU! TUUU!

POCO DOPO... "ETCIÙ!" STARNUTISCE EOLO. "SILENZIO!" STRILLA BRONTOLO DAL SUO LETTINO. BIANCANEVE CONSIGLIA AI NANI DI DEDICARSI A UN'ATTIVITÀ PIÙ TRANQUILLA. "PERCHÉ NON LEGGETE UN BEL LIBRO?"

TUTTI CORRONO ALLA LIBRERIA. C'È CHI VUOLE UN LIBRO SULLA NATURA, CHI VUOLE LEGGERE UNA STORIA AVVENTUROSA, CHI VUOLE QUALCOSA DI BUFFO...

PRESI DALL'ENTUSIASMO,
I NANI INCIAMPANO
L'UNO SULL'ALTRO,
PORTANDOSI
APPRESSO TUTTI
I LIBRI ACCOMODATI
SUGLI SCAFFALI.

BIANCANEVE
DISPENSA UN NUOVO
SUGGERIMENTO:
"PERCHÉ NON
VI TRASFERITE
IN CORTILE?"

"CHE NOIA!" DICE PISOLO DOPO UN PO'. "COSA FACCIAMO?" DOMANDA GONGOLO. "E SE LAVASSIMO VETRI E FINESTRE?" PROPONE MAMMOLO.

COSÌ I NANI
SI METTONO
AL LAVORO.
EOLO SALE
SULLA SCALA
PER PRIMO.

"SIAMO SICURI CHE ANDRÀ TUTTO BENE?" SUSSURRA MAMMOLO A DOTTO. "CERTO!" RISPONDE L'ALTRO.

MA UN MINUTO DOPO EOLO, COME AL SOLITO... ETCIÙ! CON UN SONORO STARNUTO PIOMBA A TERRA E... TRASCINA CON SÉ TUTTI I PANNI STESI E ROVESCIA UN GRAN CESTO DI PATATE.

DALLA STANZA, BRONTOLO SI LAMENTA A GRAN VOCE: "BASTA!" STAVOLTA I NANI, IN SILENZIO, RIMETTONO A POSTO OGNI COSA. MA DOPO TANTO LAVORO... TUTTI SBADIGLIANO! "SARETE STANCHI, ORA," DICE BIANCANEVE DALLA FINESTRA. "DOVRESTE FARE UN SONNELLINO."

I NANI RAGGIUNGONO LA CAMERA DA LETTO E SI METTONO SOTTO LE COPERTE. BEN PRESTO TUTTI RUSSANO PACIFICAMENTE, PERSINO BRONTOLO.

Disney Princess

Cenerentola

Buonanotte Gas!

È SERA E CENERENTOLA, DALLA FINESTRA DELLA SUA STANZETTA IN SOFFITTA, PUÒ VEDERE L'OROLOGIO DEL CASTELLO.

IMITANDONE I RINTOCCHI, PICCHIETTA UNA TRAVE ACCANTO AL SUO LETTO. "È ORA DI DORMIRE!" DICE AI TOPINI.

“DOBBIAMO PROPRIO ANDARE A LETTO?” CHIEDE GIAC. “MENO MALE!” COMMENTA GAS, SI SENTE COSÌ STANCO! QUASI SI ADDORMENTA SUBITO... SUL PAVIMENTO.

GAS È UN NUOVO ARRIVATO! POVERINO, NON HA MAI AVUTO UN LETTINO TUTTO SUO. GIAC E GLI ALTRI AMICI DEVONO INSEGNARGLI TUTTO!

"PER PRIMA COSA, DEVI METTERTI IL PIGIAMA," DICE CENERENTOLA. "È UN ABBIGLIAMENTO PIÙ COMODO RISPETTO AI VESTITI NORMALI..."

ANCHE GLI ALTRI TOPINI INDOSSANO PIGIAMINI O CAMICINE DA NOTTE, È STATA CENERENTOLA A CUCIRLI PER LORO. GAS È TUTTO FIERO, ADORA QUELLE RIGHE AZZURRE!

POCO DOPO, CENERENTOLA CONSEGNA AL SUO NUOVO AMICO SPAZZOLINO E DENTIFRICIO. "SPAZZOLA BENE, È COSÌ CHE SI FA, PRIMA DI ANDARE A LETTO!" A GAS PIACE UN SACCO IL SAPORE DI MENTA!

"E ORA, NON LO SAI?" GLI DICONO GLI ALTRI TOPINI. "DEVI LAVARTI LE MANI E IL VISO CON IL SAPONE! POI... ASCIUGATI BENE!"

E FINALMENTE OGNUNO SI ACCOMODA NEL SUO LETTINO, GAS È ENTUSIASTA! LA DOLCE SUSY GLI RIMBOCCA LE COPERTE.

A GRAN RICHIESTA, CENERENTOLA RACCONTA UNA STORIA: "C'ERA UNA VOLTA UN PRINCIPE CHE VIVEVA IN UN MAGNIFICO CASTELLO. AVEVA CAVALLI, ABITI ELEGANTI, MA NON ERA FELICE..."

E I TOPINI SI ADDORMENTANO SUL FINIRE DELLA STORIA: "E DOPO TANTO VIAGGIARE, IL PRINCIPE

INCONTRA FINALMENTE UNA GIOVANE CHE GLI FA BATTERE IL CUORE DI GIOIA."

SI È FATTO TARDI,
CENERENTOLA
DEVE DORMIRE,
L'INDOMANI
L'ASPETTA
UNA GIORNATA
DI DURO LAVORO.

MENTRE GLI UCCELLINI LE CANTANO UNA DELICATA NINNA NANNA, LEI GIÀ SOGNA IL BEL PRINCIPE DELLA SUA FIABA.

Disney Princess

Aladdin

Abu e la giornata dispettosa

OGGI C'È IL SOLE AD AGRABAH. ALADDIN, IL GENIO, JASMINE, RAJAH, LA TIGRE E ABU, LA SCIMMIETTA, STANNO FACENDO UN GIRETTO AL MERCATO. ABU, D'UN TRATTO, VEDE UN BEL CASCO DI BANANE.

SENZA PENSARCI DUE VOLTE, AFFERRA VELOCEMENTE UNA BANANA, POI UN'ALTRA, E UN'ALTRA ANCORA... INSOMMA, LE DIVORA TUTTE IN UN BOCCONE, POI BUTTA PER TERRA LE BUCCE. CHE DISPETTOSO!

"NON SI RUBANO LE BANANE!" ESCLAMA ALADDIN AL MONELLO. E NELLA PREOCCUPAZIONE DI BLOCCARLO, PRIMA CHE COMBINI ALTRI GUAI, IL GRUPPO ACCORRE. MA... LE BUCCE DI BANANA SONO SPARSE OVUNQUE! RISULTATO? UN CAPITOMBOLO GENERALE.

PIÙ TARDI, ALADDIN, JASMINE, IL GENIO E RAJAH FANNO MERENDA NEI GIARDINI DI PALAZZO. ABU, INVECE, SE NE STA UN PO' IN DISPARTE, DOVRÀ RIFLETTERE SULLE SUE MALEFATTE.

IL BIRBANTELLO VA A SPASSO DI QUA E DI LÀ, NON HA PROPRIO INTENZIONE DI METTERSI TRANQUILLO! E GUARDANDO LA FONTANA, HA UN'IDEA...

ABU ASPETTA, DUNQUE, CHE I SUOI AMICI FINISCANO DI MANGIARE. E APPENA SI SIEDONO SUL BORDO DELLA FONTANA PER GODERSI IL FRESCO... SPLASH! ECCO FATTO UN BEL TUFFO A BOMBA!

DALLA SORPRESA, IL GENIO CADE DENTRO LA FONTANA, GLI ABITI DI JASMINE E ALADDIN S'INZUPPANO TUTTI E RAJAH... RINGHIA, NON È L'ORA DEL BAGNO!

A TARDA NOTTE, IL PALAZZO REALE DI AGRABAH È IMMERSO NEL SONNO. C'È TROPPO SILENZIO PER I GUSTI DI ABU! COSÌ, PRESO UN MARTELLO, COMINCIA A PICCHIARE CONTRO OGNI PORTA.

POI, RAGGIUNTA LA SALA DEL TRONO, LA SCIMMIETTA PENSA PROPRIO DI ESAGERARE. PERCIÒ, SOLLEVA IL MARTELLO SULLA LAMPADA DEL GENIO E...

BANG! SOTTO QUEL COLPO DI MARTELLO, IL METALLO DELLA LAMPADA RISUONA CON FRAGORE. "COSA SUCCEDE? CHE SPAVENTO!" STRILLA IL GENIO BALZATO FUORI ALL'IMPROVVISO.

ALADDIN, JASMINE E RAJAH, ASSONNATI, SI PRECIPITANO. JASMINE SI FA DELLE DOMANDE: PERCHÉ TANTI DISPETTI? ABU SI SENTE TRASCURATO? "DOMANI GIOCHEREMO INSIEME!" PROMETTE CON DOLCEZZA LA PRINCIPESSA.

“MA ORA ANDIAMO TUTTI A DORMIRE...” CONCLUDE ALADDIN. IL GENIO ACCOMODA IL SUO PICCOLO AMICO SOPRA UN AMPIO CUSCINO CON UNA MORBIDA COPERTA. “BUONANOTTE...” GLI SUSSURRA, MA ABU DORME GIÀ.

Sommario

Tiana e l'amica del cuore • PAG. 119

HO LETTO QUESTA STORIA IL GIORNO:

MI TROVAVO:

ERO IN COMPAGNIA DI:

MI È PIACIUTA: ◇POCO ◇ABBASTANZA ◇MOLTO

Ariel e le luci della notte • PAG. 137

HO LETTO QUESTA STORIA IL GIORNO:

MI TROVAVO:

ERO IN COMPAGNIA DI:

MI È PIACIUTA: ◇POCO ◇ABBASTANZA ◇MOLTO

La costellazione di Belle • PAG. 157

HO LETTO QUESTA STORIA IL GIORNO:

MI TROVAVO:

ERO IN COMPAGNIA DI:

MI È PIACIUTA: ◇POCO ◇ABBASTANZA ◇MOLTO

Brontolo non vuole dormire! • PAG. 173

HO LETTO QUESTA STORIA IL GIORNO:

MI TROVAVO:

ERO IN COMPAGNIA DI:

MI È PIACIUTA: ◇POCO ◇ABBASTANZA ◇MOLTO

Buonanotte Gas! • PAG. 193

HO LETTO QUESTA STORIA IL GIORNO:

MI TROVAVO:

ERO IN COMPAGNIA DI:

MI È PIACIUTA: ◇POCO ◇ABBASTANZA ◇MOLTO

Abu e la giornata dispettosa • PAG. 209

HO LETTO QUESTA STORIA IL GIORNO:

MI TROVAVO:

ERO IN COMPAGNIA DI:

MI È PIACIUTA: ◇POCO ◇ABBASTANZA ◇MOLTO